CE LIVRE DE COLORIAGE APPARTIENT À:

Ce Livre Publié par Activités Livre de Coloriage

Copyright © 2020 Activités Livre de Coloriage

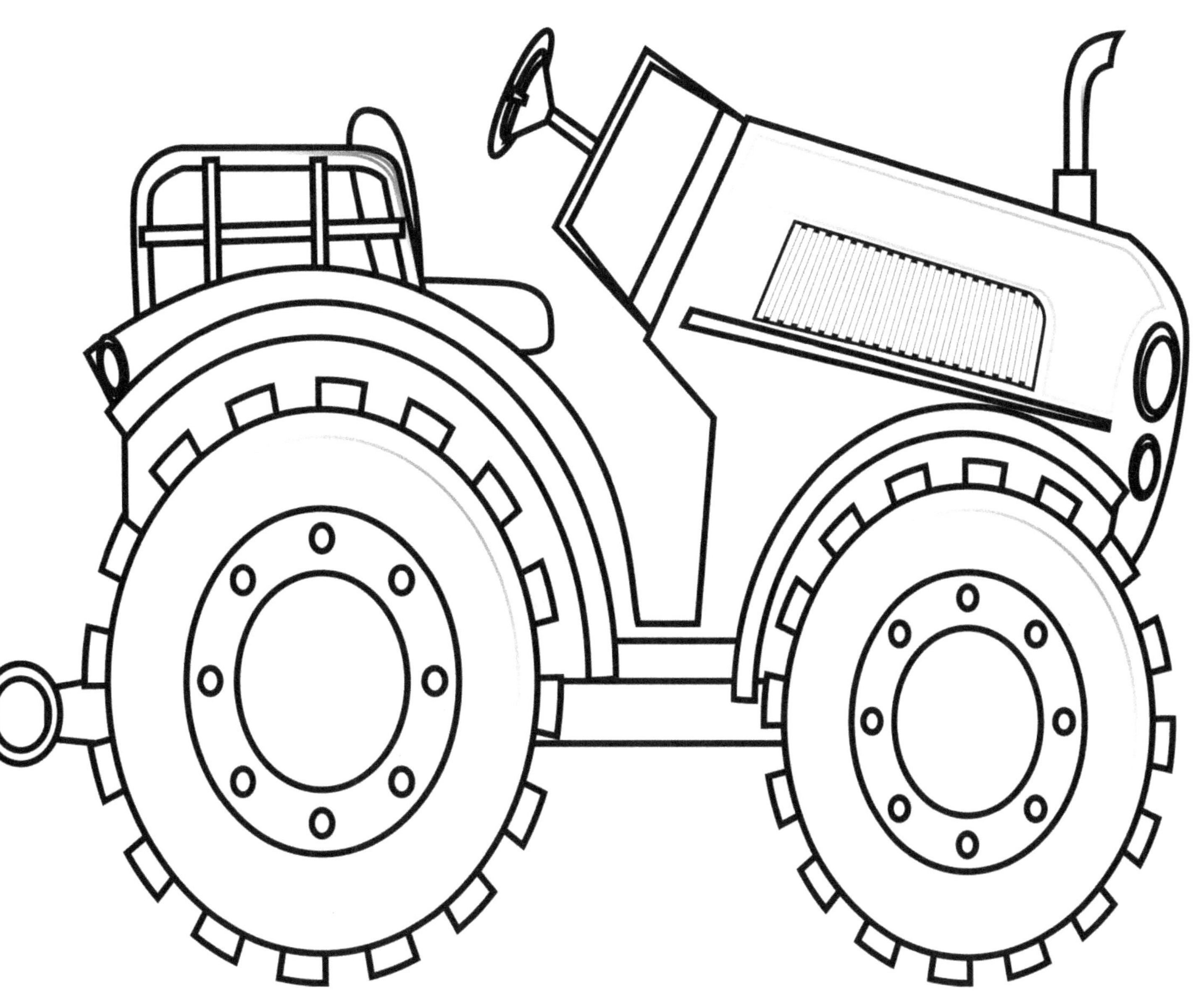

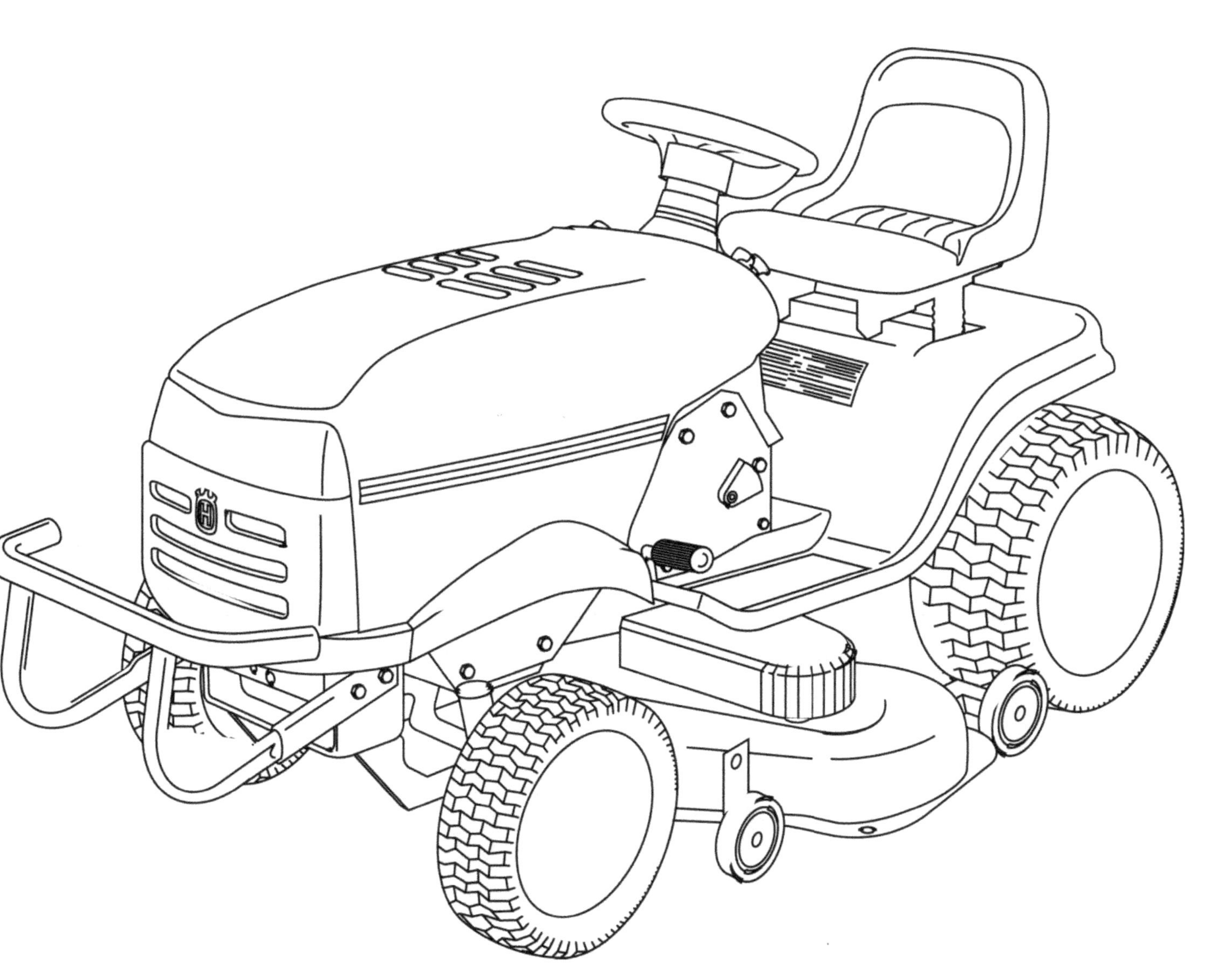

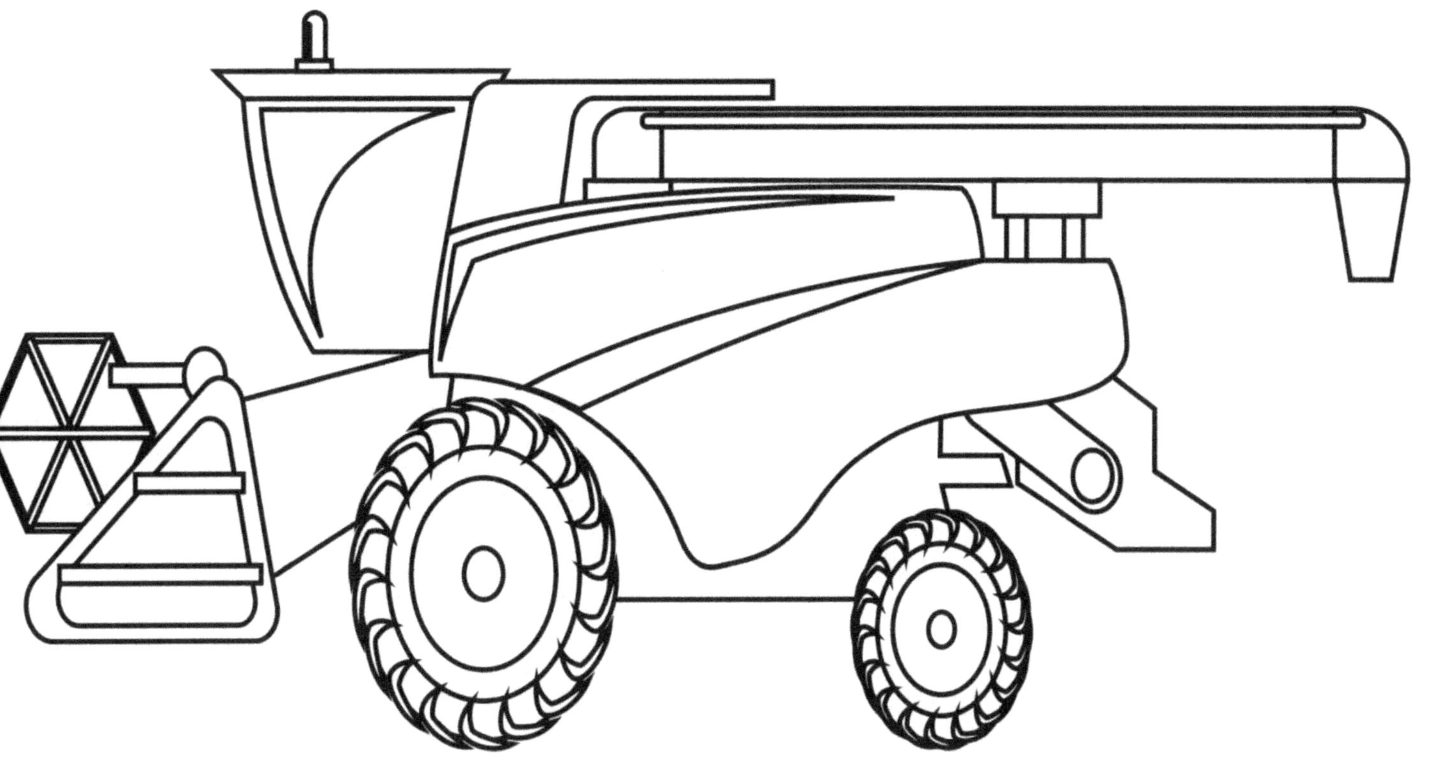

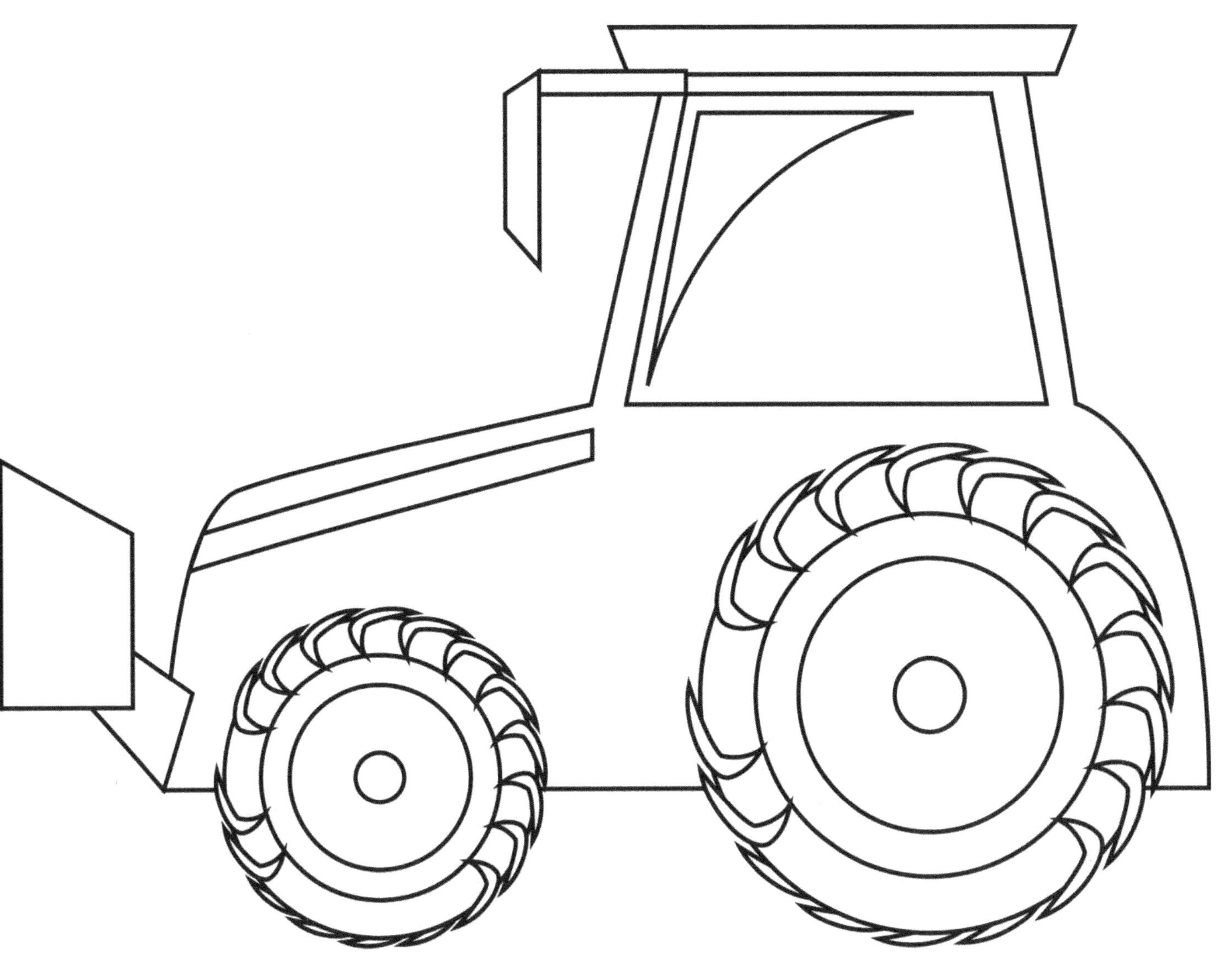

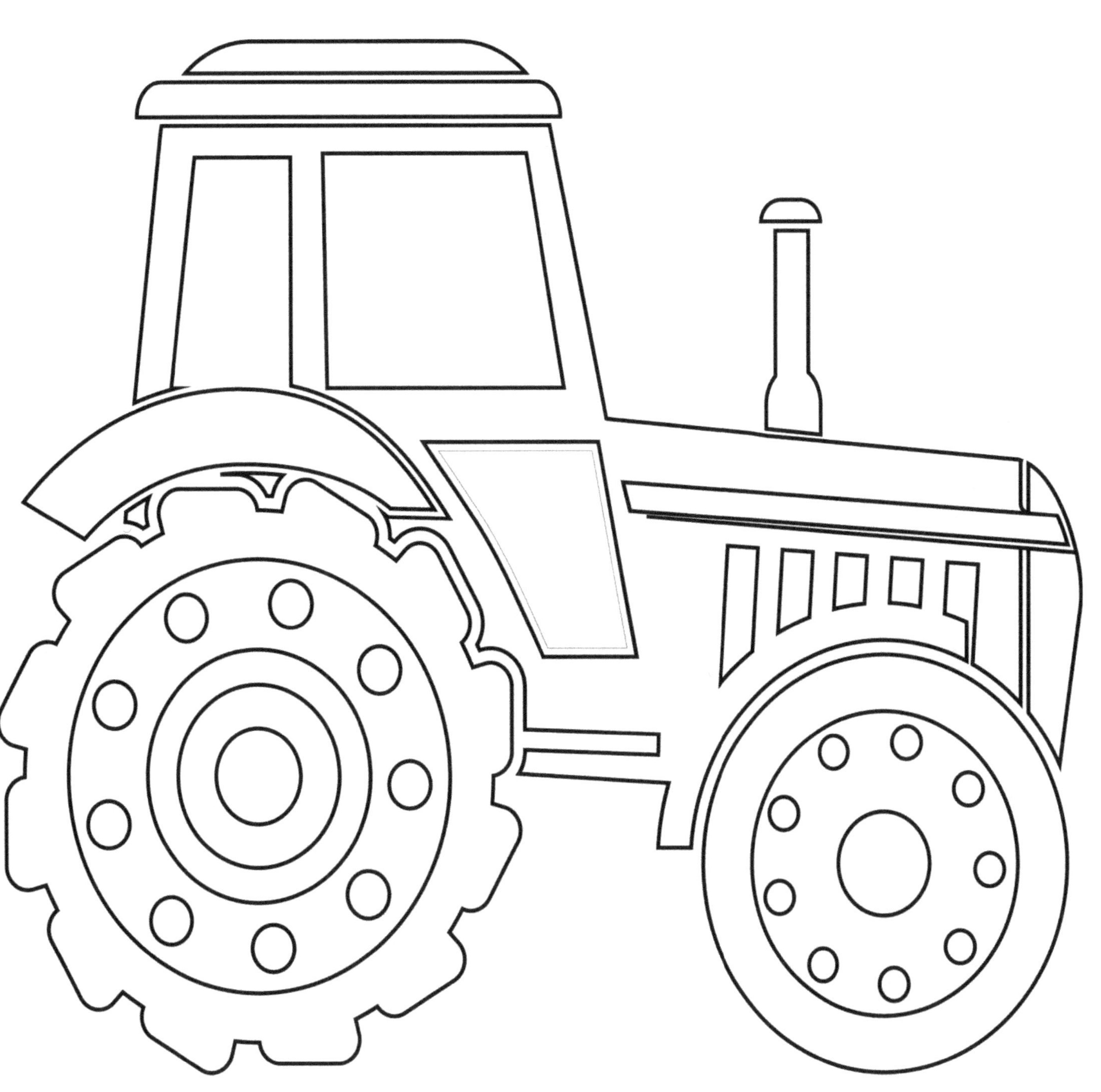

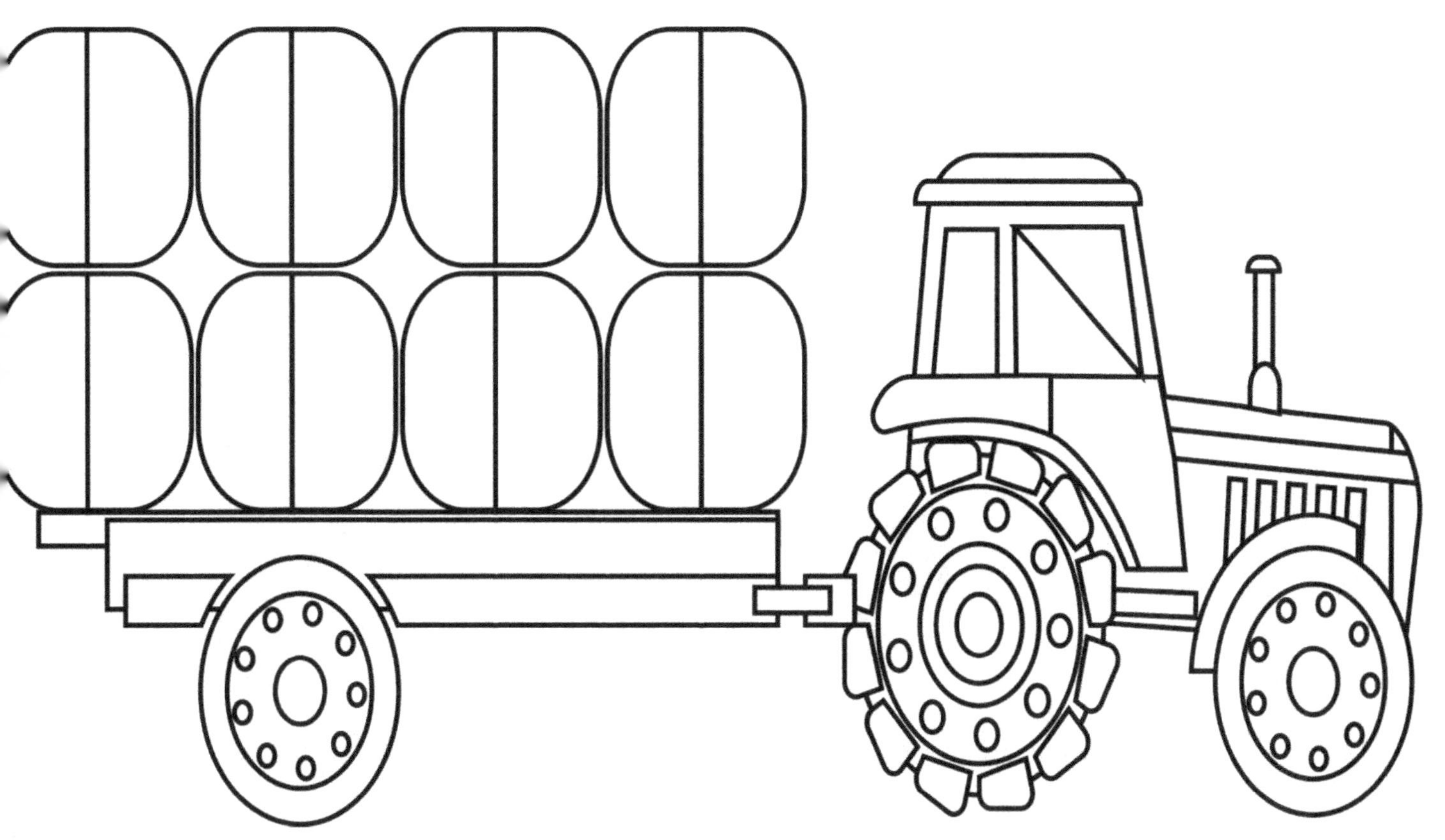

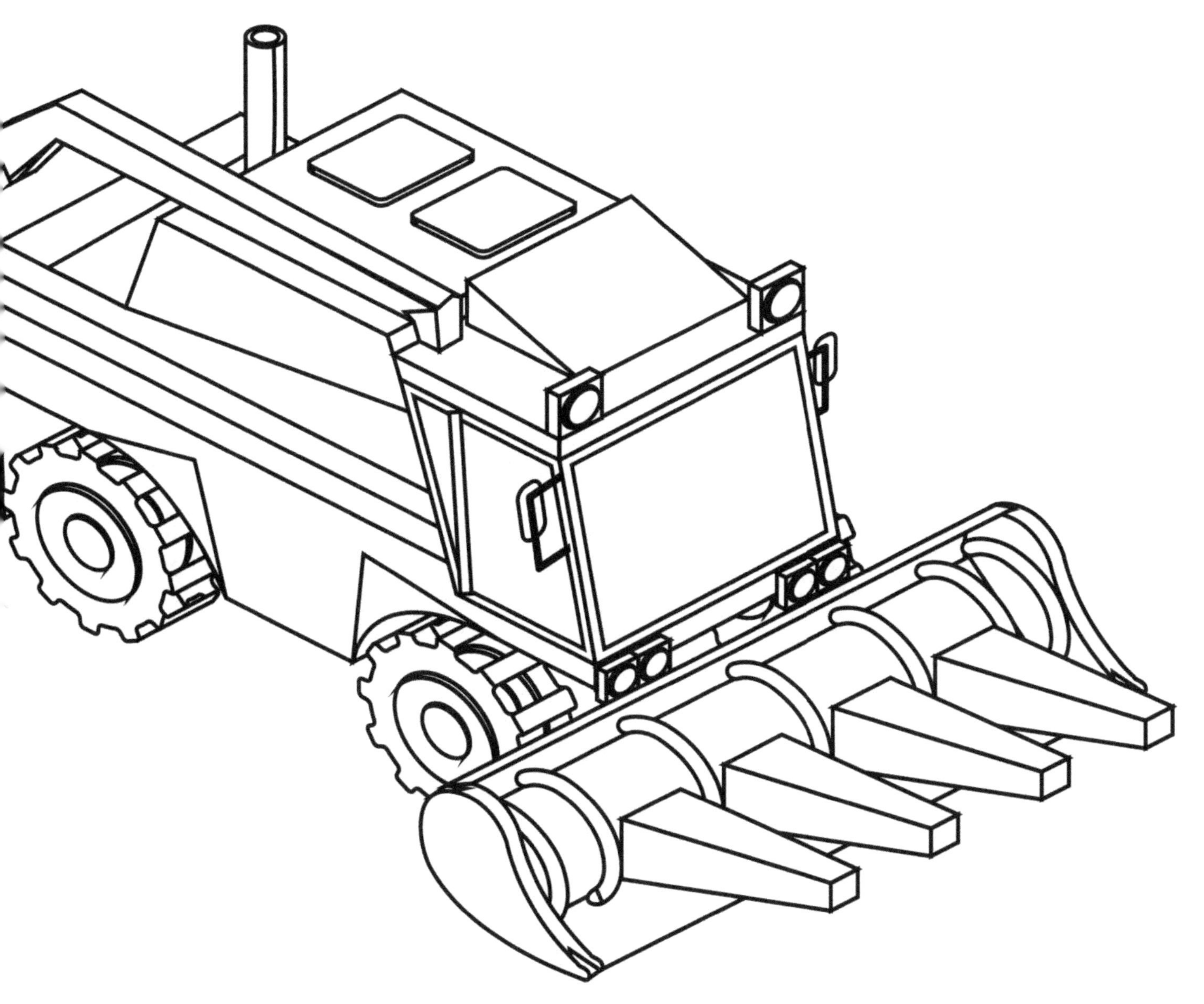

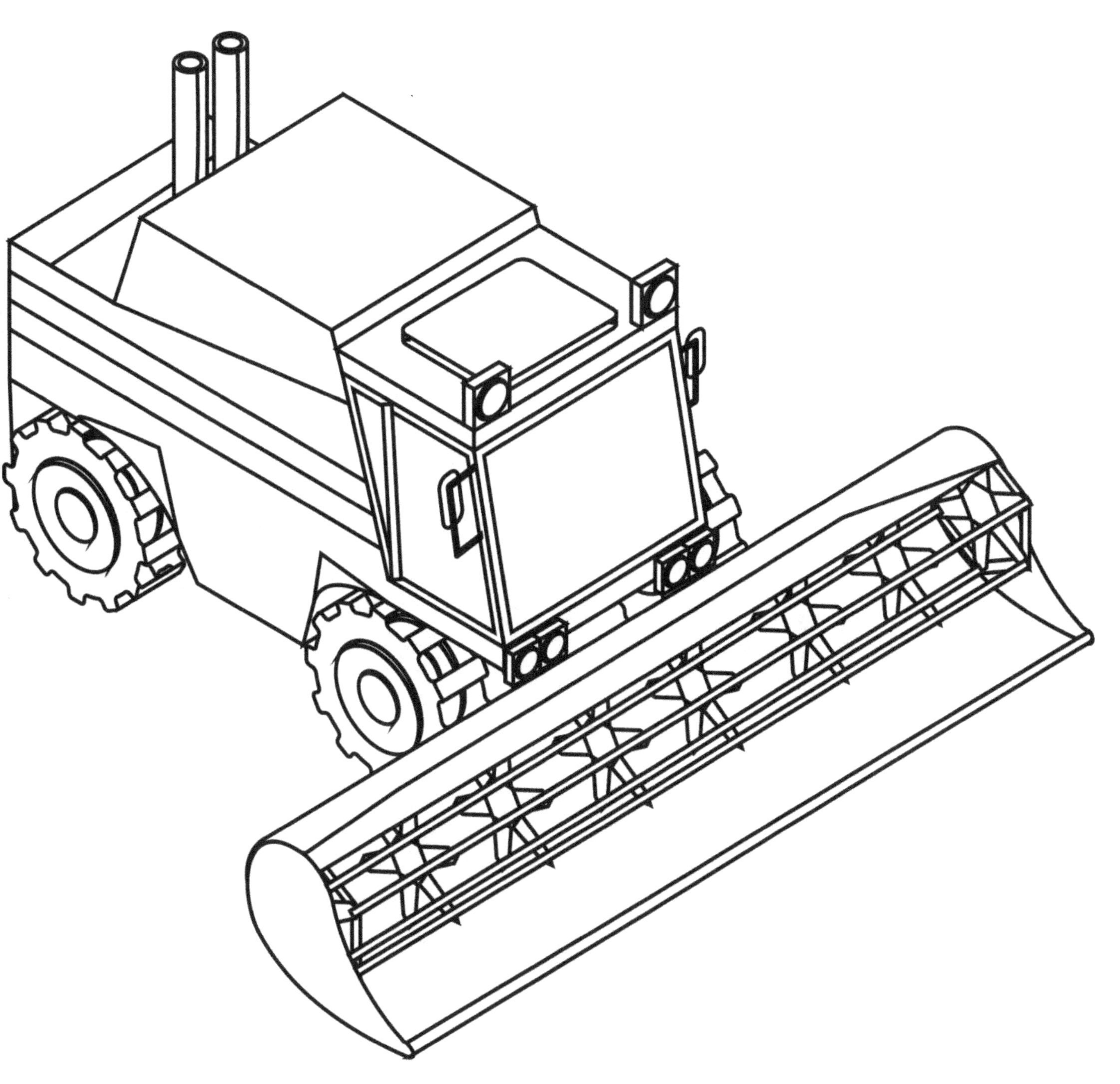

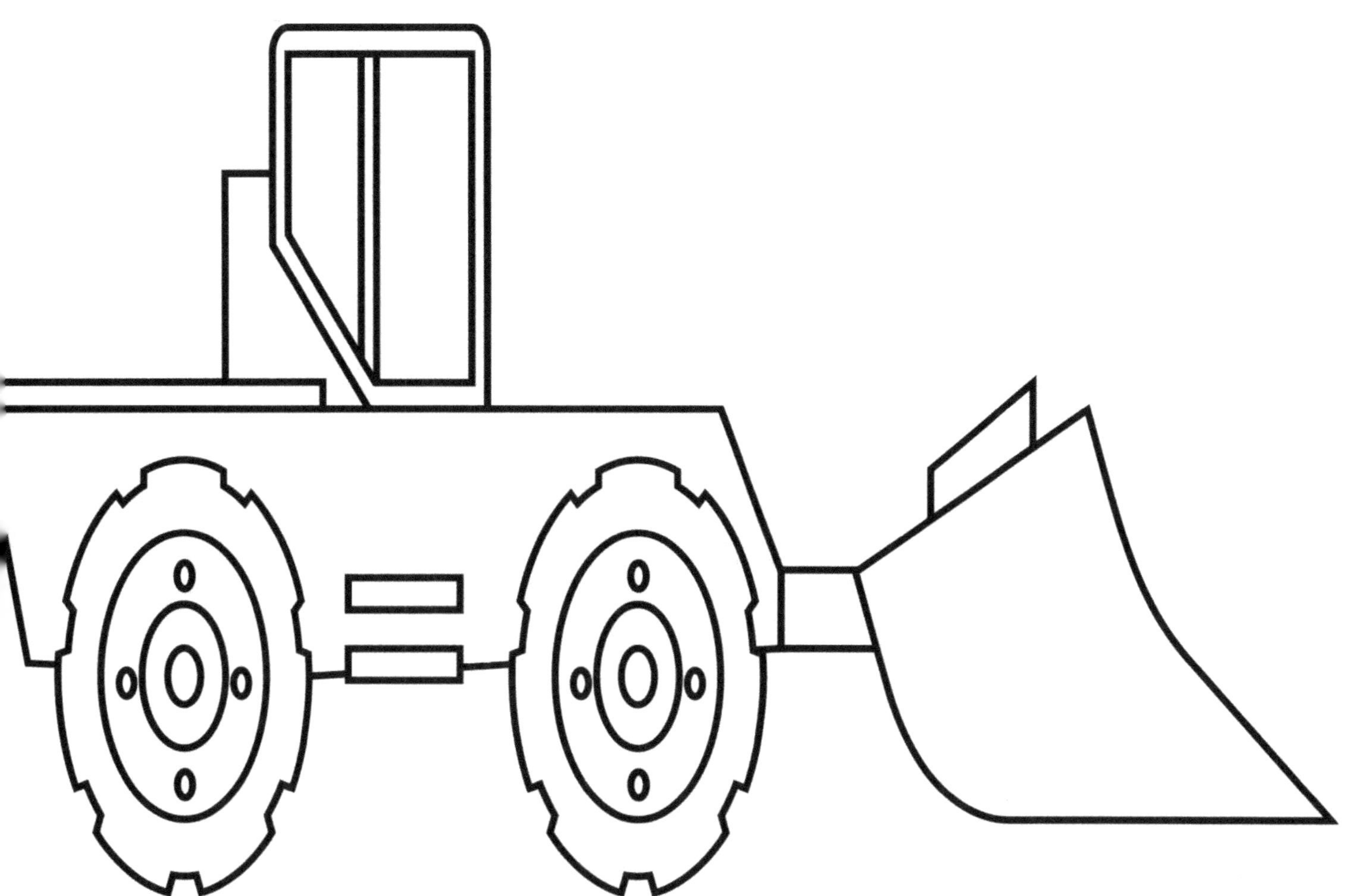

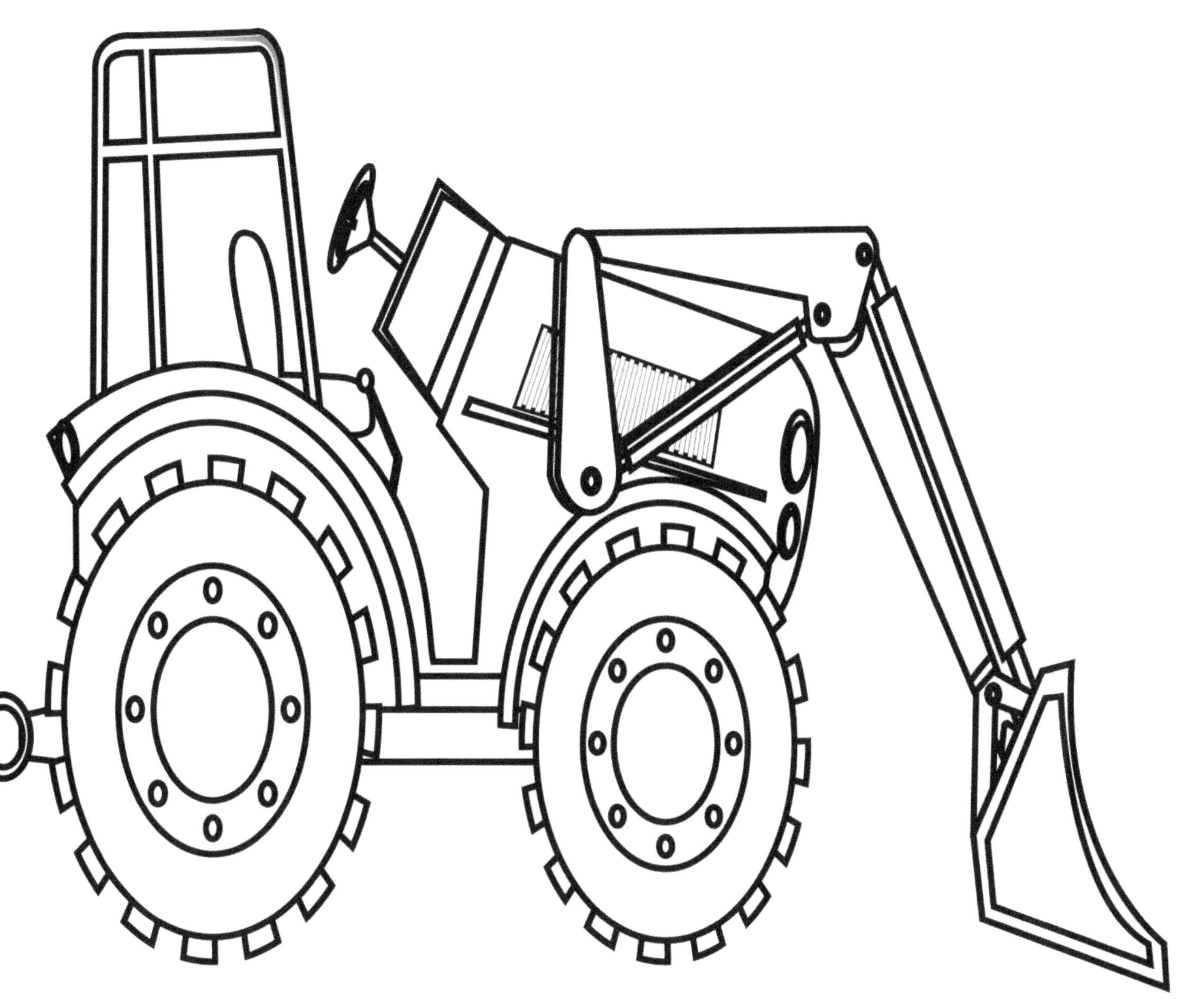

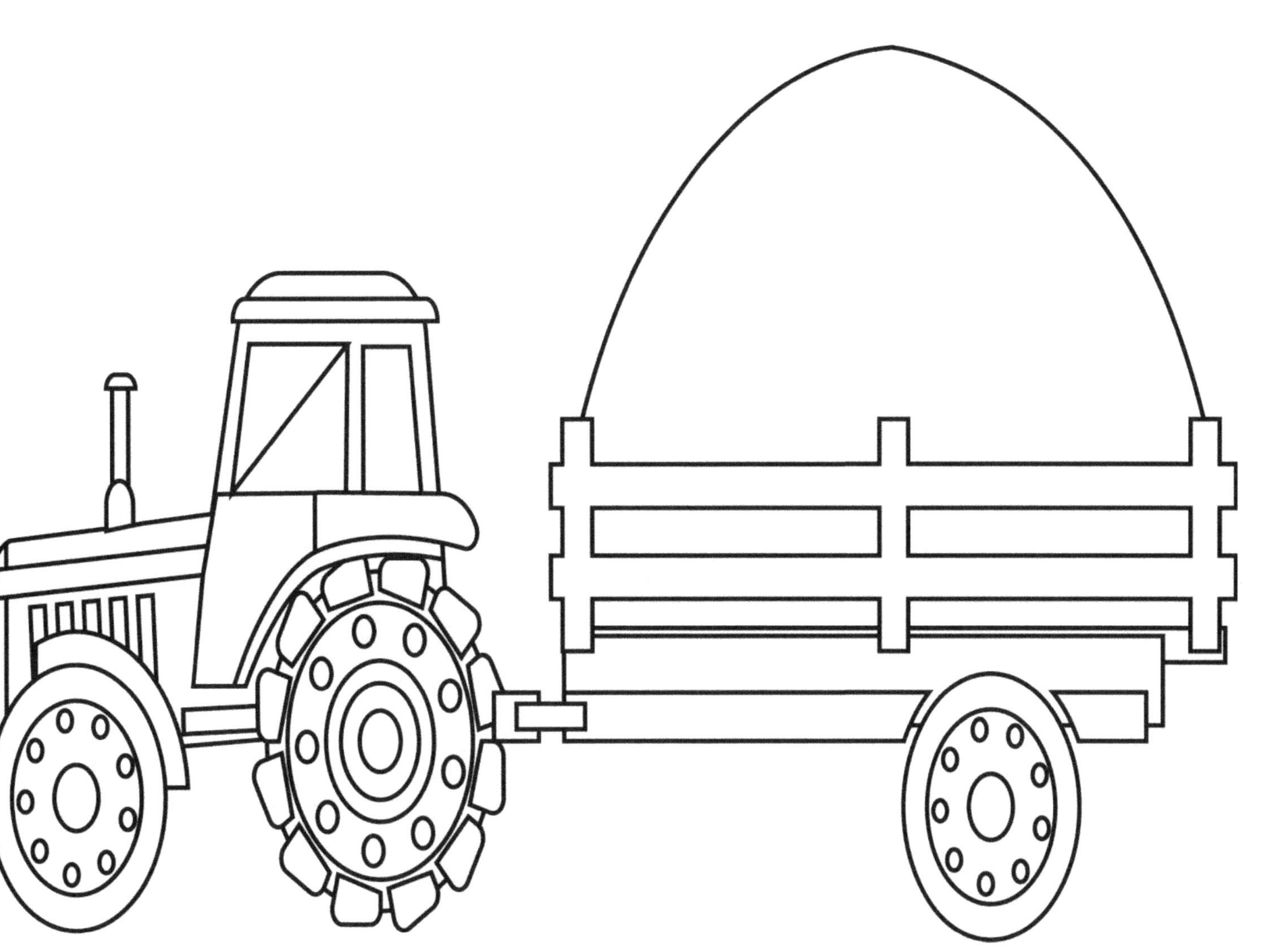

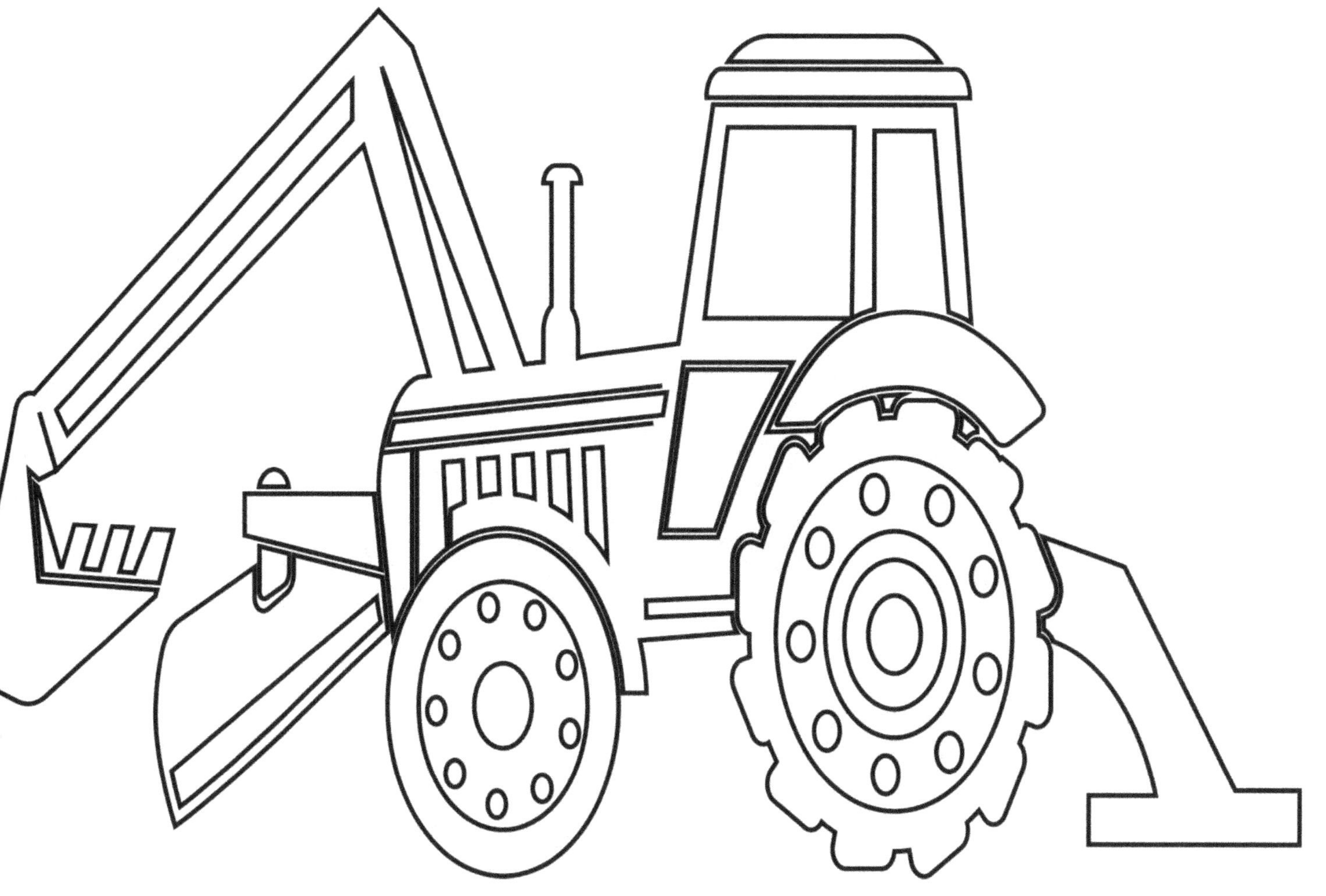

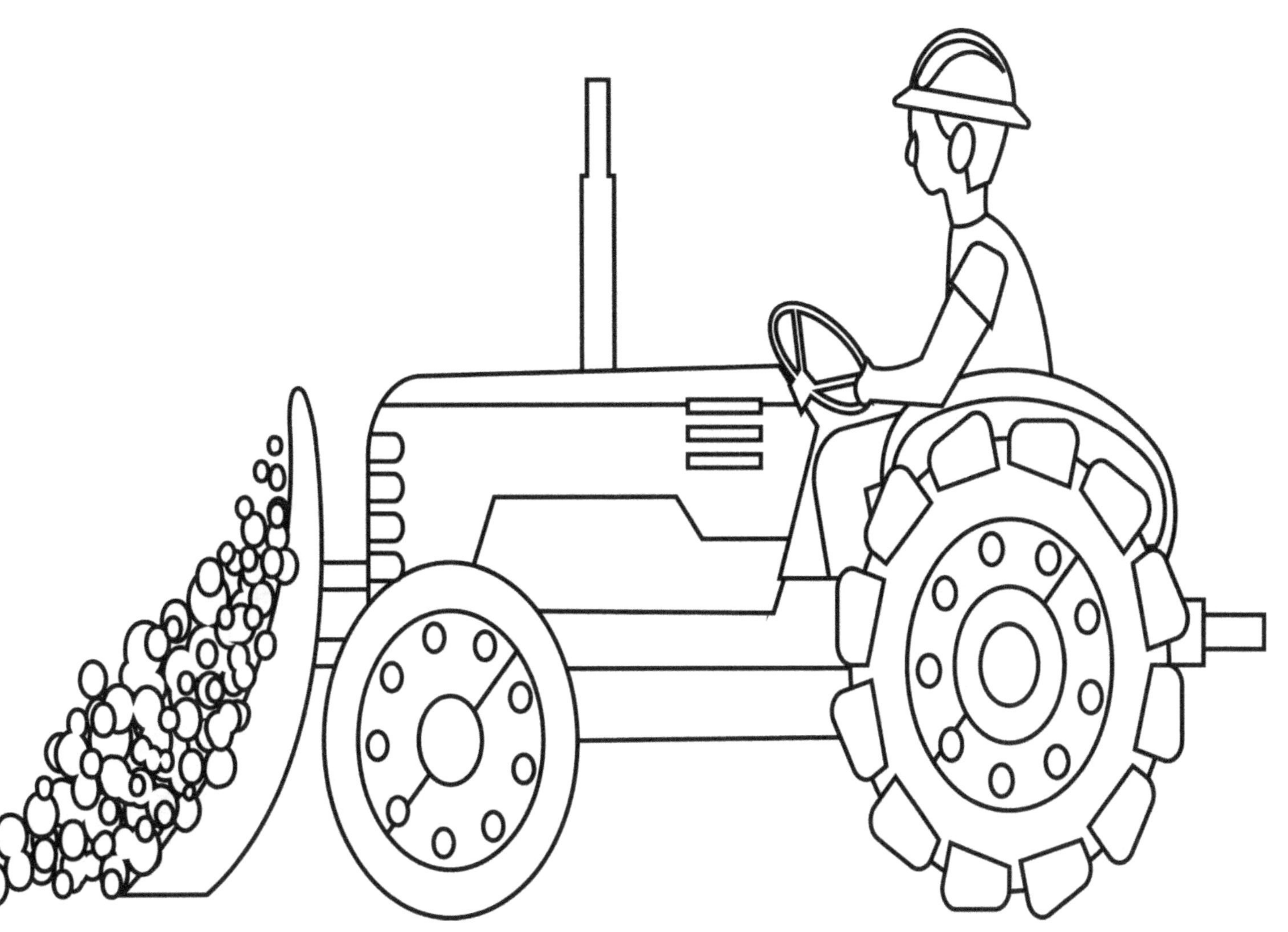

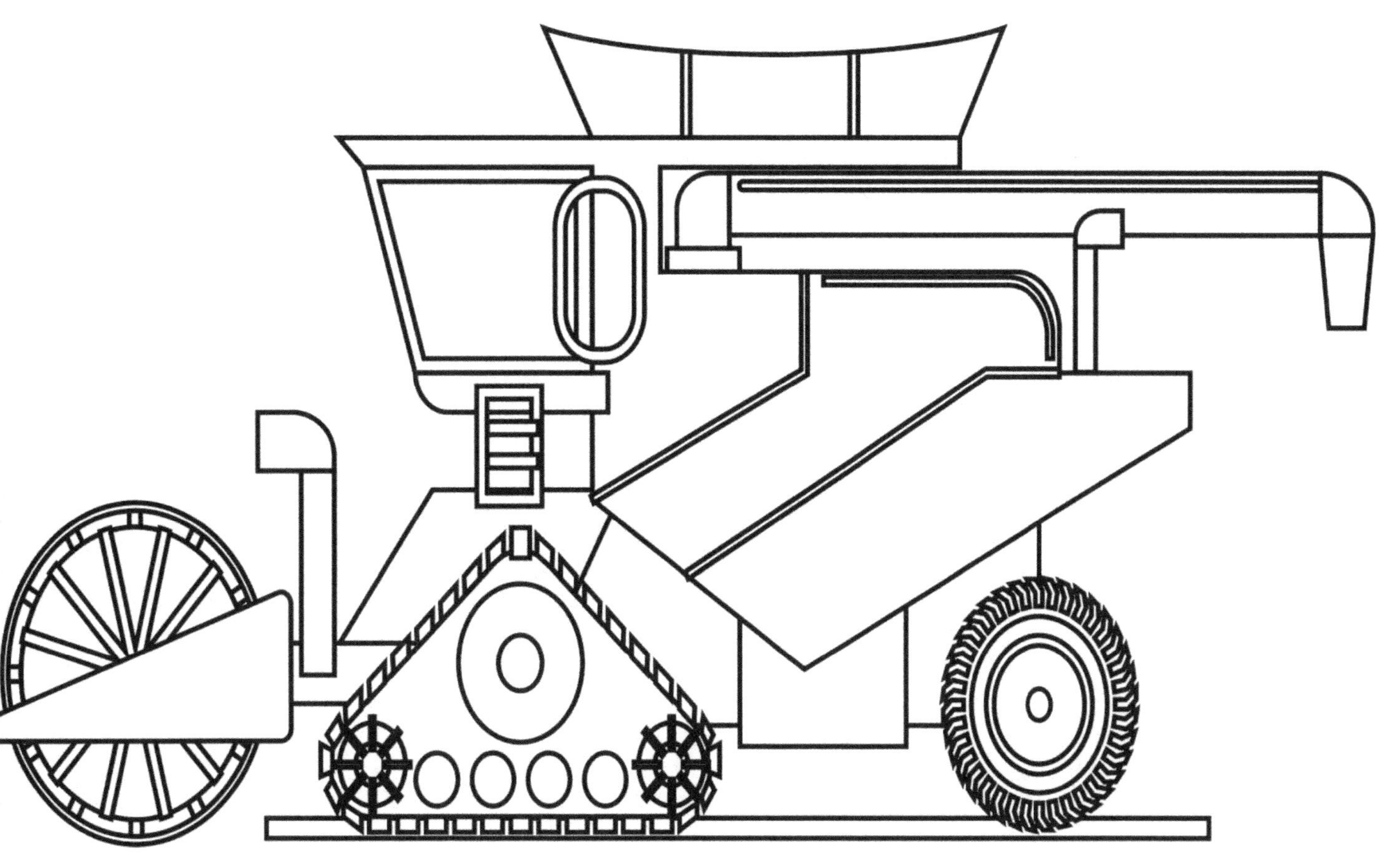

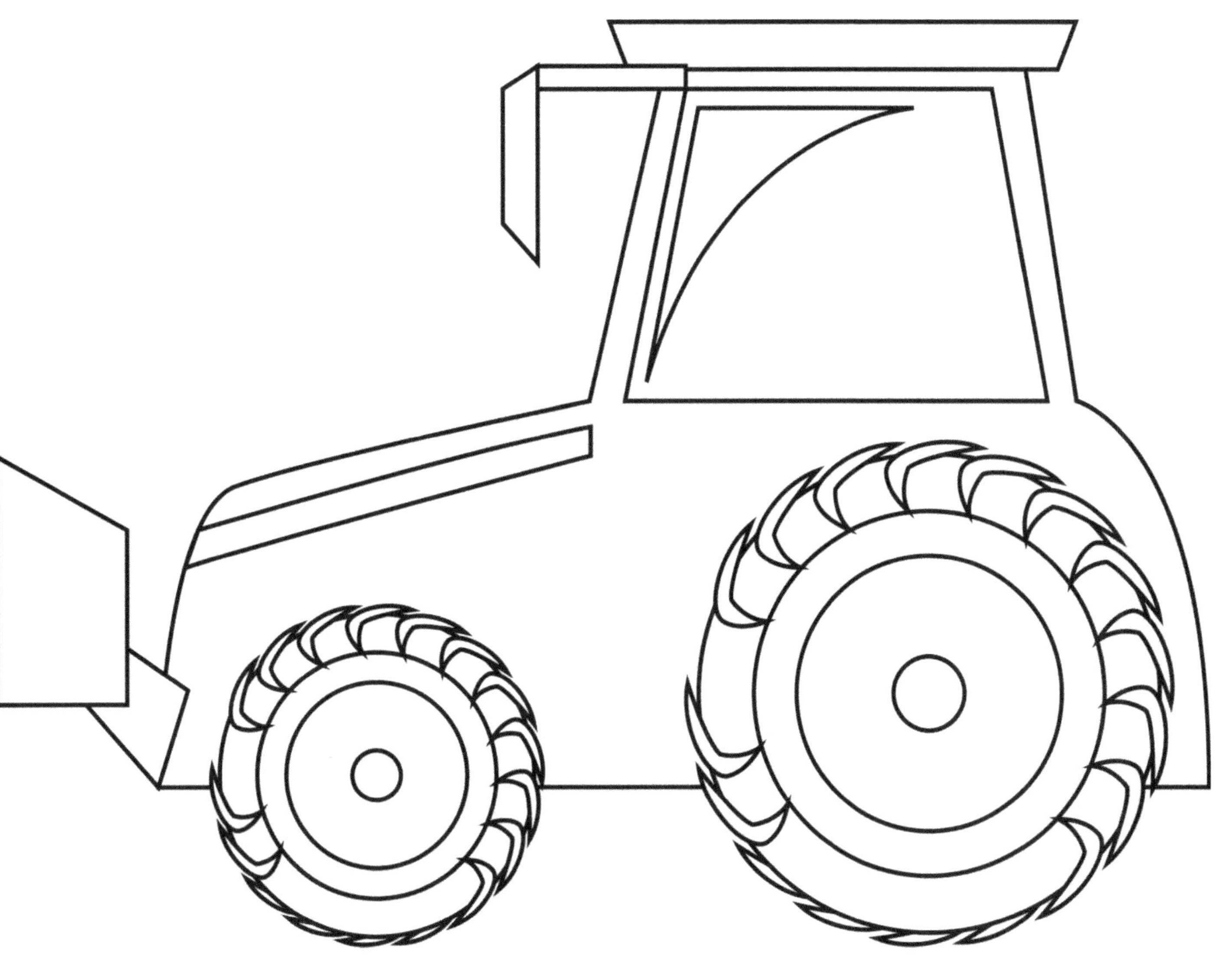

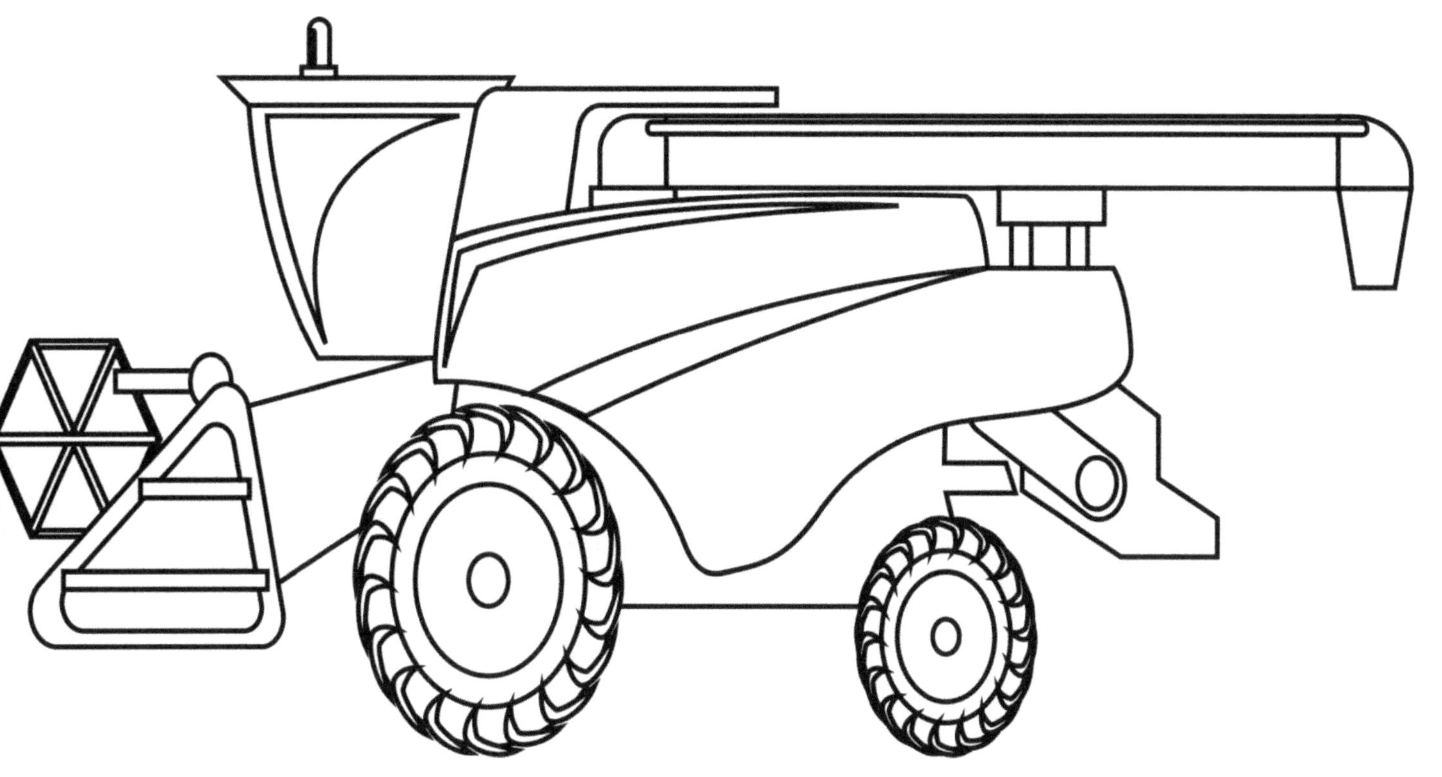

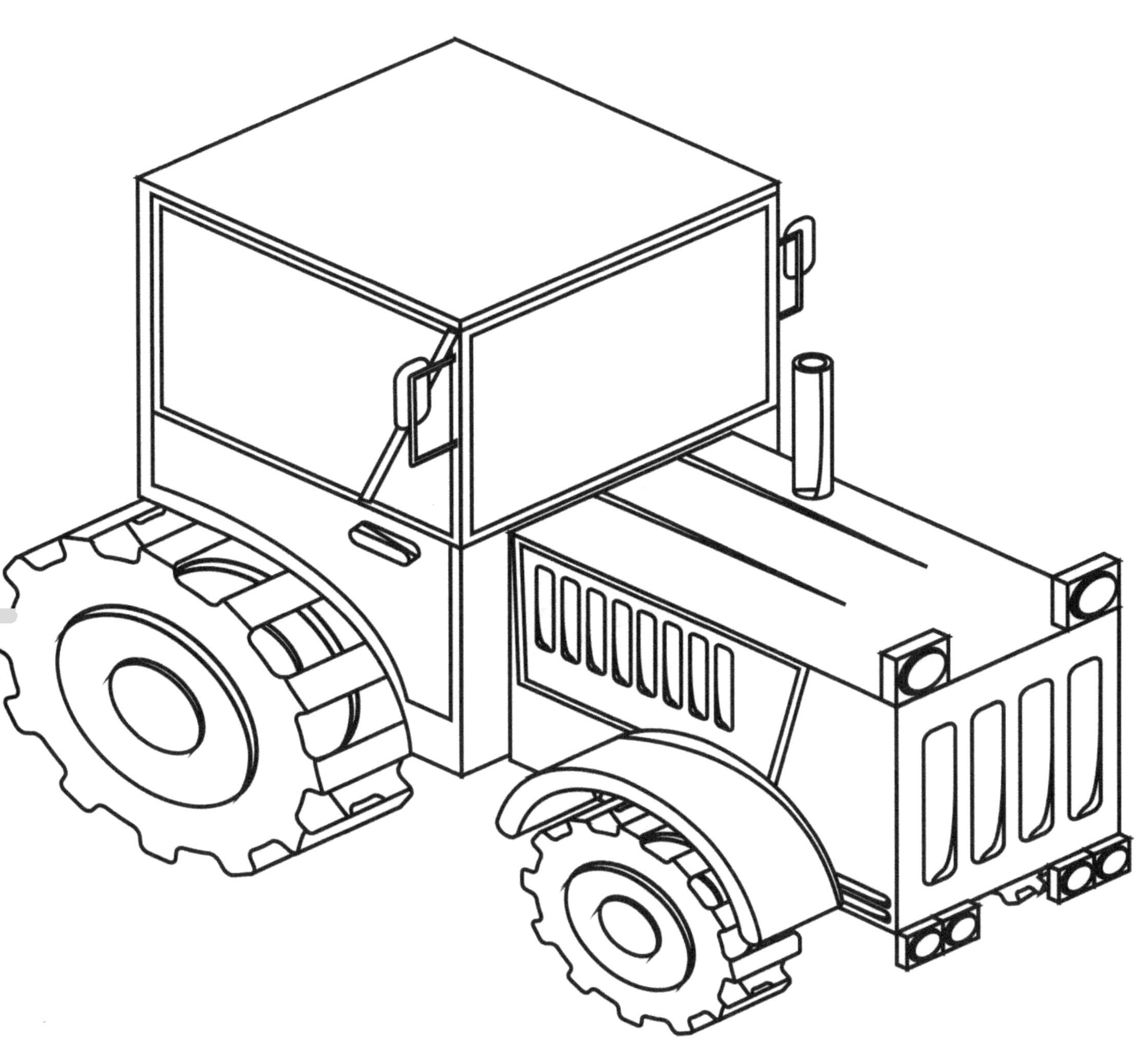

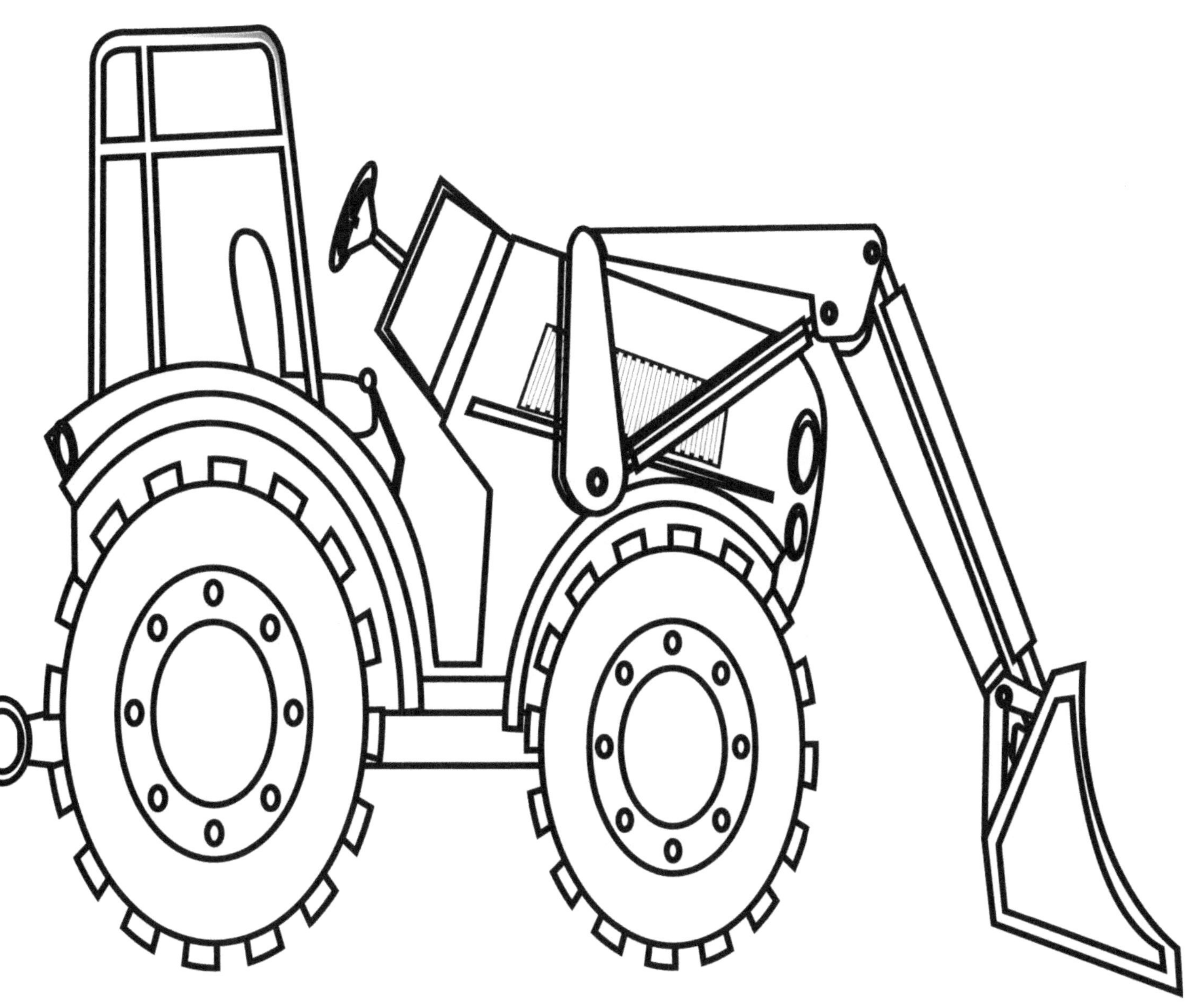